Historias de fiestas

El Día de los veteranos

Mir Tamim Ansary

Heinemann Library
Chicago, Illinois

HEINEMANN-RAINTREE

TO ORDER:

☎ Phone Customer Service **888-454-2279**

🖥 Visit **www.heinemannraintree.com** to browse our catalog and order online.

Editorial: Rebecca Rissman
Design: Kimberly R. Miracle and Tony Miracle
Picture Research: Kathy Creech and Tracy Cummins
Production: Duncan Gilbert

Originated by Chroma Graphics (Overseas) Pte. Ltd
Printed and bound in China by South China Printing Co. Ltd.
Translation into Spanish by DoubleO Publishing Services

ISBN-13: 978-1-4329-1957-3 (hb)
ISBN-10: 1-4329-1957-1 (hb)
ISBN-13: 978-1-4329-1964-1 (pb)
ISBN-10: 1-4329-1964-4 (pb)

12 11 10 09 08
10 9 8 7 6 5 4 3 2 1

Library of Congress Cataloging-in-Publication Data

Ansary, Mir Tamim.
  [Veterans Day. Spanish]
  El Día de los Veteranos / Mir Tamim Ansary ; [translation into Spanish by DoubleO Publishing Services].
    p. cm. -- (Historias de fiestas)
  Includes index.
  ISBN 978-1-4329-1957-3 (hardcover) -- ISBN 978-1-4329-1964-1 (pbk.)
  1. Veterans Day--Juvenile literature. I. Title.
  D671.A7513 2008
  394.264--dc22
                              2008037379

Acknowledgments
The author and publishers are grateful to the following for permission to reproduce photographs: AP/Wide World pp. 6, 7, 13 (all), 16, 18 (right), 19, 22, 26 (right), 28; Corbis pp. 12, 24-25 (Wally McNamee); Corbis-Bettmann pp. 8 (Alexander Alland Sr.), 18 (left), 20 (Baldwin H. Ward), 23; The Granger Collection pp. 9, 18 (center); Stock Boston p. 4 (Bob Daemmrick); UPI/Corbis-Bettmann pp. 10, 11, 14; SuperStock pp. 15 (all), 26 (left); Reuters/Corbis-Bettmann p. 27.

Cover photograph reproduced with permission of Alex Segre/Alamy.

Every effort has been made to contact copyright holders of any material reproduced in this book. Any omissions will be rectified in subsequent printings if notice is given to the publisher.

Disclaimer
All the Internet addresses (URLs) given in this book were valid at the time of going to press. However, due to the dynamic nature of the Internet, some addresses may have changed, or sites may have changed or ceased to exist since publication. While the author and publisher regret any inconvenience this may cause readers, no responsibility for any such changes can be accepted by either the author or the publisher.

Contenido

Algunas palabras aparecen en negrita, **como éstas**.
Puedes averiguar sus significados en el glosario.

Un día para los veteranos

El 11 de noviembre se conmemora el Día de los veteranos en los Estados Unidos. En el parque hay una multitud reunida para presenciar el desfile.

Muchas personas piensan que es sólo otro día en que
no se trabaja o no se va a la escuela. Pero el Día de
los veteranos significa mucho más para estas personas,
porque ellos son veteranos.

¿Qué es un veterano?

Un veterano es alguien que ha estado en las **fuerzas armadas**. Muchos de estos veteranos combatieron en guerras. Algunos combatieron en la Guerra del Golfo Pérsico en 1991.

Otros combatieron en la Segunda Guerra Mundial, en la década de 1940. Todos estos veteranos arriesgaron sus vidas por nuestro país.

Antes del Día de los veteranos

¿Cómo se originó esta fiesta? Retrocedamos a una época anterior al Día de los veteranos. Tus bisabuelos eran jóvenes en ese entonces. Los Estados Unidos estaban en paz.

Pero en **Europa** había **tensión**. En Europa, muchos países pequeños eran gobernados por países más grandes. Millones de personas enfurecidas deseaban ser libres.

¡Guerra Mundial!

Algunos de los países grandes deseaban más territorio.
Lo mismo les pasaba a sus vecinos de otros países.
Ambos bandos estaban formando ejércitos poderosos.

En 1914 comenzó la guerra. Alemania ayudó a un bando. Rusia ayudó al otro. Pronto, combatían más de dieciséis países.

Los Estados Unidos combaten

Los submarinos alemanes comenzaron a hundir barcos estadounidenses. Los Estados Unidos decidieron combatir contra Alemania. En 1917 las **tropas** estadounidenses zarparon a **Europa**.

La lucha se detuvo el 11 de noviembre, a las 11 de la mañana cuando Alemania se **rindió**. La Primera Guerra Mundial había terminado. Habían muerto más de catorce millones de personas.

Día del armisticio

En 1919, el presidente Woodrow Wilson estableció que el 11 de noviembre iba a ser un día de fiesta. Lo llamó Día del armisticio. Armisticio significa "dejar de combatir".

Ese día mucha gente usó amapolas rojas. Lo hacían para recordar el Campo de Flanders. En ese campo de amapolas se llevó a cabo una sangrienta batalla.

Honrar la paz

A las once de la mañana de ese día mucha gente se mantuvo en silencio durante dos minutos. Ésta era una manera de **honrar** la paz.

A partir de ese día, estas **costumbres** se repitieron todos los años. La gente daba gracias por la paz. Honraban a los soldados que habían conseguido la paz.

17

Dictador alemán
Adolf Hitler

Dictador italiano
Benito Mussolini

General japonés
Hideki Tojo

Problemas nuevamente

Pero la paz no duró. Crueles **dictadores** asumieron el poder en Alemania e Italia. Poderosos generales asumieron el poder en Japón.

Estos países se llamaban las Potencias del Eje. En 1935, comenzaron a atacar a otros países. Planeaban apoderarse del mundo.

La Segunda Guerra Mundial

El mundo reaccionó combatiendo. En 1939 comenzó la Segunda Guerra Mundial. Causó muchas más muertes que la Primera Guerra Mundial. Ahora los ejércitos tenían armas más poderosas.

La guerra se extendió por todo el mundo. Se combatía en más de 50 países. Hubo combates en tierra, mar y aire.

Las Potencias del Eje fracasan

En 1941, los aviones japoneses bombardearon los barcos y aviones de los EE.UU. en Hawái. Poco después, los Estados Unidos entraron en la guerra.

Las Potencias del Eje fueron **derrotadas** en 1945. La Segunda Guerra Mundial terminó. En esta guerra habían muerto más de 50 millones de personas.

Celebración actual del Día de los veteranos

Después de la guerra, los estadounidenses se alegraron de celebrar nuevamente el Día del armisticio. En 1954, este nombre se cambió por Día de los veteranos.

En la actualidad, homenajeamos a todos nuestros
veteranos en el Día de los veteranos. Sobre todo,
honramos a los que murieron. Les agradecemos por
lo que tenemos. Ellos dieron todo lo que tenían.

Nuestras fuerzas armadas

En la actualidad, tenemos un ejército, una fuerza aérea y una marina muy poderosos. Tenemos a los *Marines* y la Guardia Costera.

Estamos preparados aunque no haya guerra. Nuestras
fuerzas ayudan a mantener la paz en lugares en
conflicto. Tenemos la esperanza de que puedan impedir
que comience otra guerra.

La hora undécima

El desfile terminó y la multitud se marchó. Pero queda un veterano. Este hombre ama la paz porque conoce la guerra. Por este motivo permanece aquí el undécimo día del undécimo mes.

Finalmente suena la hora undécima. El veterano inclina la cabeza y permanece en silencio. En su silencio, recuerda a amigos que nunca regresaron de la batalla.

Fechas importantes

El Día de los veteranos

1914	Comienza la Primera Guerra Mundial.
1914	La batalla del Campo de Flanders
1917	Los Estados Unidos entra en la guerra.
1918	Finaliza la Primera Guerra Mundial.
1919	El Día del armisticio se declara fiesta nacional.
1922	Mussolini asume el poder en Italia.
1926	Oficiales del ejército asumen el poder en Japón.
1933	Hitler asume el poder en Alemania.
1939	Comienza la Segunda Guerra Mundial.
1941	Japón bombardea barcos estadounidenses en Pearl Harbor, en Hawái.
1945	Finaliza la Segunda Guerra Mundial.
1954	El Día de los veteranos reemplaza al Día del armisticio.

Glosario

costumbres cosas que la gente siempre hace en días especiales o para ciertos eventos

derrotados vencidos

dictadores dirigentes que utilizan la fuerza para gobernar

Europa uno de los siete continentes

fuerzas armadas ejército, fuerza aérea y marina de un país

honrar mostrar respeto por algo

rendirse darse por vencido

tensión inquietud, preocupación

tropas soldados

Lectura adicional

Landau, Elaine. *Veterans Day: Remembering Our War Heroes.* Berkeley Heights, NJ: Enslow, 2002.

Schaefer, Ted and Lola Schaefer. *The Vietnam Veterans Memorial.* Chicago, IL: Heinemann Library, 2006.

Schuh, Mari C. *Veterans Day.* Mankato, MN: Capstone, 2003.

El Departamento de Asuntos de Veteranos: Página para niños
http://www.va.gov/Kids/k-5/index.asp

Índice